Remote Audit
Virtuelle Fern-Audits

Von der Planung bis zur Umsetzung

2. überarbeitete Auflage

Remote Audit
Virtuelle Fern-Audits

Von der Planung bis zur Umsetzung

Dr. Roland Scherb, MBA

2. überarbeitete Auflage

IMPRESSUM

Bibliografische Information der Deutschen Nationalbibliothek:
Die Deutsche Nationalbibliothek verzeichnet diese Publikation in der Deutschen Nationalbibliografie; detaillierte bibliografische Daten sind im Internet über http://dnb.dnb.de abrufbar.

Lektorat: Nicole Rabl
Korrektorat: Dr. Cornelia Maier
Grafik und Satz: Fritz-Michael Pückler

Herstellung und Verlag: BoD – Books on Demand, Norderstedt

ISBN: 978-3-7534-9531-6

IHR BONUS

Auf der **Bonus-Webseite zu diesem Buch** finden Sie ergänzende Informationen: Laden Sie sich eine **Checkliste** und **Auditvorlage** unter folgendem Link herunter:

www.PeRoBa.de/RemoteAudit

INHALTSVERZEICHNIS

VORWORT

Der Autor dieser Ausgabe ist der Geschäftsführer der PeRoBa Unternehmensberatung GmbH, welcher als Auditor und Berater seit den 90er Jahren Audits durchführt. Das erste „Remote Audit" führte der Autor im Jahr 2005 mittels Telefonspinne als Telefonkonferenz durch.

Als Dozent und Trainer stellt der Autor Remote Audits als weiteres Werkzeug zur Durchführung von Audits dar. Basierend auf vielen Diskussionen und Gesprächen mit Anwendern und Auditoren ist in diesem Zusammenhang die Definition eines Remote Audits sehr wichtig.

Viele der derzeit auf dem Markt angebotenen Lösungen sind aus dem Bereich der „Services" und werden nun aufgrund der steigenden Nachfrage auch für Remote Audits beworben. Die Verwendung hierfür muss aber von jedem genau überdacht werden, da im Qualitätsmanagement weitere Anforderungen relevant werden.

Die Idee zu diesem Werk entstand Anfang 2014, jedoch war das Jahr 2017 aufgrund eines Auditauftrags in Übersee der entscheidende Moment. Bei der Rückreise kam es aufgrund von extremem Unwetter zu Verzögerungen und Flugausfall, so dass die Rückreise ca. 40 Stunden in Anspruch nahm. Diesem Umstand entsprang der Gedanke, das virtuelle Durchführen von Audits durch ein effektives Tool zu ermöglichen, was der Autor dann durch eine Eigenentwicklung realisierte.

Einen ungewollten Entwicklungsschub gab es im Jahr 2020 durch COVID-19, da viele Firmen die Digitalisierung und das Home-Office vorantrieben.

Die Bedeutung der Remote Audits wird durch diese Ausgabe erläutert werden.

Zur besseren Lesbarkeit wird in dieser Ausgabe nicht ausdrücklich nach geschlechtsspezifischen Personenbezeichnungen differenziert. Entsprechende Begriffe gelten im Sinne der Gleichbehandlung für alle Geschlechter.

1 REMOTE AUDITS

Durch die COVID-19-Pandemie ab März 2020 beziehungsweise den ersten Lockdown änderte sich einiges in den Unternehmensprozessen.

Dies hatte ebenfalls Auswirkungen auf den Bereich der Managementsysteme. Audits konnten nicht mehr wie ursprünglich geplant durchgeführt werden. Ergänzend wurden Sicherheitsbeschränkungen in Unternehmen verändert, und Reisebeschränkungen haben dazu geführt, dass reguläre Vor-Ort-Audits nur noch eingeschränkt oder in der Regel gar nicht mehr möglich sind.

Die Definition eines Audits ist in der DIN EN ISO 9000:2015-11[1] gut beschrieben; nachfolgend ein Zitat aus Normkapitel 2.4.2, Entwicklung eines Qualitätsmanagementsystems (QMS), 5. Absatz, Seite 24:

„Auditieren ist ein Mittel zur Beurteilung der Wirksamkeit des QMS, um Risiken zu identifizieren und die Erfüllung der Anforderungen zu bestimmen. Für wirksame Audits müssen materielle und immaterielle Nachweise gesammelt werden. Korrektur- und Verbesserungsmaßnahmen werden auf Grundlage von Analysen der gesammelten Nachweise ergriffen. Die gewonnenen Kenntnisse können zu Innovationen führen, die das Leistungsniveau des QMS erhöhen.“[2]

Eine besondere Form des Auditierens stellt das virtuelle Auditieren dar, welches grundsätzlich alle anderen Anforderungen an das Auditieren erfüllen muss, um im Sinne des Qualitätsmanagements wirksame Ergebnisse zu generieren.

Die Durchführung von Remote Audits kann ebenfalls eine sinnvolle Lösung sein, um Audits trotz vorhandener Beschränkungen weiterhin durchführen zu können.

---

[1] DIN EN ISO 9000:2015-11 Qualitätsmanagementsysteme – Grundlagen und Begriffe
[2] DIN e.V., 2015

1.1. DEFINITION UND REGULATORIEN

Die DIN EN ISO 19011[3] verwendete in der englischen Version zum ersten Mal 2011 den Begriff „Remote Audits". In der Version von 2018 wurde dies weiter ausgearbeitet und in der deutschen Übersetzung als virtuelles oder Fernaudit bezeichnet. Im Anhang A.16 der ISO 19011 werden die virtuellen oder Fernaudits näher beschrieben. Dort heißt es, dass Remote Audits ungeachtet *der Entfernung an jedem beliebigen Standort mit Ausnahme des Standorts der auditierten Organisation durchgeführt*[4] werden können.

Im Normenkapitel 5.5.3 der ISO 19011:2018 wird das Remote Audit näher beschrieben: *„Audits können vor Ort, aus der Ferne oder in einer Kombination aus beidem durchgeführt werden. Der Einsatz dieser Methoden sollte angemessen ausgewogen sein, unter anderem auf Grundlage der Berücksichtigung der damit verbundenen Risiken und Chancen"*[5].

Auch andere Regulatorien bieten inzwischen Informationen zu Remote Audits.

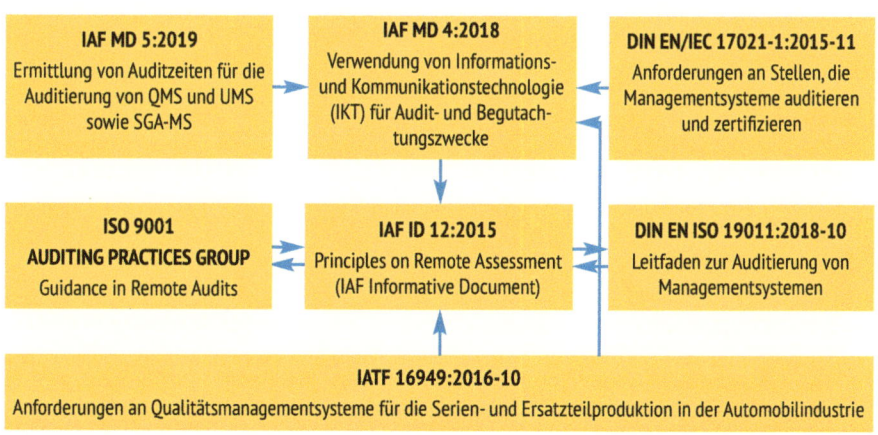

Abbildung 1: Anforderungen aus Regulatorien – Stand Dezember 2020

---

[3] DIN EN ISO 19011:2018-10 – Leitfaden zur Auditierung von Managementsystemen

[4] DIN e.V., 2018

[5] ISO 19011, 2018, S. 34, Normkapitel 5.5.3 zweiter Absatz (DIN e.V., 2018)

IAF MD4:2018[6]

Verbindliches Dokument zur Verwendung von Informations- und Kommunikationstechnologien (IKT) für Audit- und Begutachtungszwecke (deutsche Übersetzung).

Anforderungen an das Remote Audit werden in *„4.1 Sicherheit und Vertraulichkeit"* und *„4.2 Prozessanforderungen"* gestellt. Hier wird unter Punkt 4.2.5 aufgeführt, dass bei der Festlegung der Audit- und Begutachtungszeit für zusätzliche Anforderungen eine Auswirkung auf die Auditzeit vorhanden sein kann.

Weiterhin werden beispielsweise folgende Techniken als Remote Audit-Verfahren („CAAT = Computer Assisted Auditing Techniques") genannt:
- Durchführung von Telefonkonferenzen
- Sitzungen im Internet
- interaktive webbasierte Kommunikation
- elektronischer Fernzugriff auf die Dokumentation des Managementsystems und/oder auf die Managementsystemprozesse.

IAF MD 5:2019[7]
Verbindliches IAF Dokument – Ermittlung von Auditzeiten für die Auditierung von Qualitätsmanagement- (QMS) und Umweltmanagementsystemen (UMS) sowie Managementsystemen für Sicherheit und Gesundheit bei der Arbeit (SGA-MS).

In der vorhergehenden Version gab es noch eine Beschränkung auf 30 % Remote-Audit-Tätigkeit. Diese Beschränkung ist in der jetzigen Version nicht mehr vorhanden. Remote-Audit-Techniken können ohne zeitliche Begrenzung eingesetzt werden.

---

[6] https://www.dakks.de/content/iaf-verbindliches-dokument-zur-verwendung-computergest%C3%BCtzter-auditverfahren-caat-bei-der-aud
[7] https://www.din-dakks-portal.de/de/wdc-beuth:din21:254220376/directPdf-2506045/dakksDownload

DIN EN ISO/IEC 17021-1:2015-11[8]

Konformitätsbewertung – Anforderungen an Stellen, die Management-systeme auditieren und zertifizieren – Teil 1: Anforderungen (ISO/IEC 17021-1:2015); deutsche und englische Fassung EN ISO/IEC 17021-1:2015.

Die Anforderung, im Auditplan die Remote Audits auszuweisen (in 9.2.3.2 d), sollte nach Erachten des Autors grundsätzlich Standard sein.

ISO/IEC 17021-3:2017(EN)[9]

ISO/IEC 17021-3:2017 specifies additional competence requirements for personnel involved in the audit and certification process for quality management systems (QMS) and complements the existing requirements of ISO/IEC 17021-1.

IAF ID 12:2015[10]

IAF Informative Document – Principles on Remote Assessment. In diesem Dokument wird eine Definition von Remote Assessments gegeben (siehe 3.1), und mögliche Anwendungsszenarien werden unter Punkt 5.3 ff dargestellt.

ISO 9001 Auditing Practices Group[11]

Guidance on: REMOTE AUDITS, eine Einführung in Remote Audits inkl. einer beispielhaften Risiko-Checkliste zur Durchführung von Remote Audits.

Zu erwähnen sind schließlich ergänzende Bestimmungen, um Audits unter medizinischen Anforderungen durchzuführen:

---

[8] https://www.beuth.de/de/norm/din-en-iso-iec-17021-1/231355332

[9] https://www.iso.org/obp/ui/#iso:std:iso-iec:17021:-3:ed-1:v1:en

[10] https://www.iaf.nu/upFiles/IAFID12PrinciplesRemoteAssessment22122015.pdf

[11] https://committee.iso.org/files/live/sites/tc176/files/documents/ISO%209001%20Auditing%20Practices%20Group%20docs/Auditing%20General/APG-Remote_Audits.pdf

MDCG 2020-4[12]
Guidance on temporary extraordinary measures related to medical device notified body audits during COVID-19 quarantine orders and travel restrictions.

Handlungsanweisungen zum Umgang mit den Risiken im Zusammenhang mit der Ausbreitung von COVID-19 für die Tätigkeit von fachkundigen Stellen (FKS) im Bereich AZAV[13]
In dieser Anweisung wird im Bereich der AZAV darauf verwiesen, dass Remote Audits bei Erst- und erneuten Trägerzulassungen nicht zugelassen sind.

1.2. ARTEN VON REMOTE AUDITS

Der Begriff „Remote Audits" wird derzeit unterschiedlich definiert. Eine Internetrecherche im Dezember 2020 zum Suchbegriff „Remote Audit Definition" ergab 9 deutschsprachige Treffer.

Keines dieser Ergebnisse war hilfreich dafür, den Begriff Remote Audit zu beschreiben. Wir haben aus der Erfahrung unserer bereits durchgeführten Remote Audits folgende Definitionen aufgestellt, denen die DIN EN ISO 9000 und die DIN EN ISO 19011 zugrunde liegen:

Vollständiges Remote Audit / Fully Remote Audit
Das Audit wird vollständig als Remote Audit durchgeführt. Von der Auditplanung, der Durchführung bis hin zum Abschluss und der Zusendung des Auditberichts wird alles elektronisch durchgeführt. Auditor und Auditierte befinden sich während des gesamten Audits an unterschiedlichen Orten.

---

[12]https://ec.europa.eu/health/sites/health/files/md_sector/docs/md_mdcg_2020_4_nb_audits_covid-19_en.pdf
[13] https://www.dakks.de/sites/default/files/20200323_handlungsanweisung_covid-19_azav_f.pdf

Teilweise Remote Audit / Partly Remote Audit

Lediglich einige Teile, welche sich für eine Remote-Durchführung eignen, werden als Remote Audit durchgeführt.

In dieser Variante findet das Audit nur teilweise vor Ort statt bzw. Auditor, Co-Auditor und/oder die Experten auditieren von unterschiedlichen Orten aus. Darstellbar sind zum Beispiel folgende Optionen:

- Der Co-Auditor ist vor Ort und auditiert relevante Personen, Aktivitäten oder Prozesse.
- Es werden Interviews mit Führungskräften oder Mitarbeitern der Organisation sowie die dafür relevante Dokumentenanalyse durchgeführt.
- Ein Auditor ist nicht vor Ort und auditiert relevante Personen, Aktivitäten oder Prozesse mit Unterstützung eines Co-Auditors, der via digitale Techniken am Standort der Organisation unterstützt.

Nachaudit / Remote Follow-up Audit

Nachaudit zum Nachweis von Umsetzungen von Maßnahmen etc.: Dies folgt i. d. R. einem bereits durchgeführten Audit aus Gründen kritischer Abweichungen. Dieses wird als Remote Audit durchgeführt, um zum Beispiel eine erneute Anreise der Auditoren einzusparen.

Spezialisten-Audit / Expert-Remote-Audit

Dies erfolgt, wenn beim Audit ein Experte benötigt wird, welcher während der gesamten Zeit des Audits physisch anwesend sein muss.

Die Unterstützung mittels Telekommunikationstechnologien unterstützt den Einsatz des externen Experten und reduziert finanzielle Aufwendungen oder hilft, wenn Gründe vorliegen, aus welchen das Audit sonst unter Umständen nicht möglich wäre.

So ist zum Beispiel die Teilnahme eines technischen Experten möglicherweise nur für einen Zeitraum von zwei Stunden erforderlich, um einen bestimmten Auditaspekt zu analysieren.

1.3. CHANCEN UND RISIKEN VON REMOTE AUDITS

Eine **Chance** bietet die Aufwertung des Auditplans. Das Remote Audit muss mit in den Auditplan aufgenommen werden und bei Problemen und Störungen Alternativen bis hin zu einem Fallback-Plan bieten.

Weiterhin ermöglicht der Einsatz der neuen Technologien einen entscheidenden Zeit- und Kostenvorteil. Unabhängig von der Entfernung und der daraus resultierenden Reisezeit kann ein Audit faktisch jederzeit durchgeführt werden. Die damit verbundene Reduzierung von Umweltauswirkungen, d. h. die Verbesserung der Ökobilanz und des CO_2-Fußabdrucks sind damit positiv einhergehende Skaleneffekte.

Eine wesentliche Chance bietet das Remote Audit auch dem Auditor, welcher ein Audit in einem Krisengebiet, sei es unter Einfluss von Krieg, Terrorismus oder Pandemien, durchführen soll.

Die Flexibilität bei der Durchführung von Remote Audits kann ebenso eine Chance darstellen. Wenn beispielsweise neue Anforderungen von behördlicher Seite gestellt werden, bieten Remote Audits die Möglichkeit, ungeplante oder unangekündigte Audits durchzuführen. Durch diese Möglichkeit besteht die Chance – live in Echtzeit – zu prüfen, ob beispielsweise jemand seine Vorgaben wirklich zuverlässig umgesetzt hat – im Gegensatz zu einem herkömmlichen Audit vor Ort, wobei im Vorfeld der Termin avisiert wird und es aufgrund der Reisezeit einen gewissen Vorlauf geben kann, was dem Auditierten die Möglichkeit gibt, im Vorfeld Vorbereitungen zu treffen, um das Audit erfolgreich zu bestehen!

Bei Remote Audits besteht ein wesentliches **Risiko** hinsichtlich der technischen Rahmenbedingungen (ITK). Da das Audit mittels Computer, d. h. virtuell, durchgeführt wird, werden an die technischen Rahmenbedingungen der Telekommunikation erhöhte Anforderungen gestellt.

Wesentliche Erfordernisse sind die ausreichende Bandbreite und die entsprechende technische Ausstattung. Hierzu zählen unter anderem

Computer oder Mobilgeräte mit Telefon und Video sowie eine stabile WLAN-Abdeckung für einen mobilen Einsatz.

Insbesondere wenn es mit der Technik zu Problemen kommt, ist der Einsatz eines Remote Audits kritisch zu bewerten, beziehungsweise er erfordert im Auditplan eine entsprechende Berücksichtigung. Die eingeschränkte oder teilweise fehlende menschliche Interaktion stellt ebenso einen Nachteil für den Auditor dar.

Auch wenn sich der Auditor und der Auditierte bei einer Videokonferenz sehen, ist der sogenannte erste Eindruck, anders als bei einem persönlichen Treffen, in einer virtuellen Umgebung weniger aussagekräftig. Dem Auditor muss dies bewusst sein, d. h. die menschliche Interaktion, bzw. das Bauchgefühl, welches sich einstellen kann, wenn dem Auditor aufgrund der Körpersprache oder anderer Signale etwas komisch vorkommen sollte, kann nur bedingt stattfinden, wenn gar nichts davon virtuell übertragen wird. Grundsätzlich wird virtuell in der Regel nur das Gesicht oder ein Teil des Körpers dargestellt und nicht der Gesamteindruck, anders als wenn man sich wirklich gegenübersteht.

Bei Durchführung eines Erstaudits ist ein Fully Remote Audit in der Regel nicht zu empfehlen. Soll im Rahmen eines internen Audits ein Standort, ein Werk bzw. eine Niederlassung erstmalig auditiert werden, bietet sich ein klassisches Vor-Ort-Audit an oder ein Partly Remote Audit, das aber auf jeden Fall Präsenzanteile des Auditors vor Ort beinhaltet.

Kritisch ist auch die Frage zu bewerten, ob ein Remote Audit überhaupt durchgeführt werden kann. In diesem Zusammenhang sind dann ebenfalls Rückfragen zur Sicherheit und Vertraulichkeit der Daten relevant. Insbesondere in Deutschland bzw. Europa muss eine Übereinstimmung mit der Datengrundschutzverordnung DSGVO[14] gegeben sein.

---

[14] https://dsgvo-gesetz.de

REMOTE AUDIT	CHANCEN	RISIKEN
Allgemein	• Schonung von Ressourcen • kurzfristige Beurteilung eines Sachverhalts • Risikoreduzierung bei unsicherem Zielreisegebiet • externe Experten können leichter und effizienter hinzugezogen werden	• fehlender oder reduzierter persönlicher Kontakt mit dem Partner • möglicherweise eingeschränkte Sicht des Auditors • Unterbrechungen durch mangelnde Bandbreite oder sonstige ITK-Probleme • Probleme mit Datenschutz und Sicherheit

Abbildung 2: Beispielübersicht allgemeiner möglicher Chancen und Risiken

REMOTE AUDIT TEILNEHMER	CHANCEN	RISIKEN
Auditor	• Effizientere Durchführung • Kein zusätzlicher Aufwand durch Anwesenheit der Auditoren	• fehlende Kompetenzen • ungenügende Erfahrung • keine Kenntnis über den Auditierten
Auditierte	• Reduktion der Nervosität • weniger Störung der Prozessabläufe	• nehmen das Audit nicht ernst genug • ungenügende Vorbereitung, Kollegen können helfen • Missverständnisse durch virtuelle Kommunikation

Abbildung 3: Beispielübersicht möglicher Chancen und Risiken – Teilnehmer

TECHNOLOGIEN	ANWENDUNG	CHANCEN	RISIKEN
Einsatz von der-zeit gängigen Tools: Teams, Webex, Skype, Zoom, Jitsi Meet, GoTo Meeting u. a.	• Durchführung von Interviews • virtuelle Gruppenbesprechungen	• leichtere Anbindung von mehreren Standorten oder von Mitarbeitern im Home Office etc. • Reduktion von Reisezeit und -kosten • leichtere Überwindung von geografischen Entfernungen	• Sicherheits- und Vertraulichkeitsverletzung (Screenshots etc.) • Authentifizierung der Teilnehmer (insbesondere ohne Kamera) • keine autonome Besichtigung der Bereiche möglich • Kommunikationsprobleme
	• Dokumentenprüfung • Beteiligung mehrerer Teilnehmer	• Dokumentenprüfung, wenn eine Reise vor Ort nicht möglich ist oder erhebliche Risiken im Zielgebiet bestehen • keine Auswirkungen von Reisebeschränkungen, Umweltauswirkungen	• Sicherheits- und Vertraulichkeitsverletzung (Screenshots etc.) • mögliche Probleme bei der Beantwortung von Dokumentationsanforderungen, die im Zusammenhang stehen • mögliche Manipulation
Tools Einsatz von Anwendungen und Tools	• Checklisten bearbeiten • Umfragen zur Verfügung stellen	• mögliche Unterstützung / Vereinfachung in der Vorbereitungsphase • Vorbereitung für die Teilnehmer auf das Remote Audit	• Authentifizierung der Teilnehmer (insbesondere ohne Kamera) • erhöhter Aufwand bei der Vorbereitung • mögliche Manipulation • Aufwand um den Empfänger zu schulen
Unterlagenprüfung offline	Review von: • Prozessübersichten • Verfahrensanweisungen • Arbeitsanweisungen • Maßnahmenlisten	• mögliche bessere Vorbereitung • Grundlage zur Auditvorbereitung • Reduktion der Auditzeit während der Durchführung	• Sicherheits- und Vertraulichkeitsverletzung (Screenshots etc.) • Probleme bei der Anzeige / Darstellung von Formaten • keine direkte Kommunikation • mögliche Manipulation
Kameraverwendung Videoeinsatz	• Review des Auditorts • Begutachtung von Prozessen und Orten	• schwer erreichbare Orte können leichter vom Auditor besichtigt werden • Nachweis durch Aufnahme kann erleichtert werden • gute Ergänzung bei Nachaudits	• Kameraführung ist nicht beim Auditor, er kann nicht frei die Sicht bestimmen • Sichtfeld beschränkt • Übertragung von Geräuschen und Lautstärke kann beeinträchtigt sein • keine weiteren Sinneseindrücke, wie bspw. Geruch, möglich • Bildqualität ungenügend durch zu geringe Bandbreite

Abbildung 4: Beispielübersicht möglicher Chancen und Risiken – IKT

17

2 DER AUDITOR

Damit Audits erfolgreich umgesetzt werden können, ist ein solides Fundament unerlässlich. Einen wesentlichen Erfolgsfaktor stellen dabei die Auditoren dar. Die erste und wichtigste Frage betrifft das Selbstverständnis eines Auditors.

Eine wesentliche Aufgabe des Auditors ist die Identifikation von Verbesserungspotenzialen der Organisation. Hierzu zählen:
- das Aufdecken und Dokumentieren sowie das Bewerten von Abweichungen
- bei internen Auditoren das Erkennen von Optimierungsmöglichkeiten im Sinne eines Kontinuierlichen Verbesserungsprozesses (KVP)
- das Sammeln von Informationen mit der Anforderung, dass diese Informationen nachweisbar, für das Auditziel relevant und korrekt sind.

Die Kommunikation bei Remote Audits bringt besondere Anforderungen mit sich, denn der Auditor muss sicherstellen, dass
- eine positive Gesprächsatmosphäre vorhanden ist
- die Kommunikation sachlich ist und eine Aufgabenorientierung beinhaltet
- keine persönlichen Bemerkungen zur Kompetenz oder Person des Auditierten erfolgen
- partnerschaftlich miteinander umgegangen wird
- der Auditor den Auditierten weiter motiviert berichtet

2.1. DAS AUDIT

Der Begriff Audit stammt vom lateinischen Wort *„audire"* und bedeutet *„hören"*. Dies ist eine Grundanforderung an gute Auditoren, nämlich das Gesagte zu verarbeiten und zu verstehen sowie zielgerichtet Rückfragen zu stellen.

In Anlehnung an die DIN EN ISO 19011 wird ein Audit definiert als ein systematischer, unabhängiger, gut strukturierter und dokumentierter Prozess zum Nachweis und zur objektiven Bewertung, ob die Auditkriterien erfüllt wurden.

Die Unterteilung der Auditarten ist hierbei von besonderer Bedeutung. Wie in der DIN EN ISO 19011 aufgeführt, können drei Auditarten voneinander unterschieden werden:

First Party Audit
Diese können von internen Auditoren oder extern beauftragten Auditoren durchgeführt werden. I. d. R. sollte dies durch interne Auditoren erledigt werden, welche durch Externe unterstützt werden können.

Second Party Audits
Diese können von internen oder externen Auditoren durchgeführt werden. Typischerweise werden hierunter Lieferantenaudits verstanden.

Third Party Audits
Diese Audits werden von externen Auditoren – Zertifizierungsauditoren – geleistet. Hier gilt die DIN EN ISO/IEC 17021-1:2015-11[15].

Das interne Audit bezieht sich auf die Organisation selbst und wird innerhalb der Organisation durchgeführt. Sehr oft bietet ein externer Auditor die Möglichkeit, sich unabhängig und neutral bewerten zu lassen. Dies soll nicht bedeuten, dass die internen Auditoren das anders hand-

---

[15] https://www.beuth.de/de/norm/din-en-iso-iec-17021-1/231355332

haben würden, aber sehr oft sehen interne Auditoren den Wald vor lauter Bäumen nicht.

Insbesondere wenn interne Auditoren die oberste Leitung auditieren, wird die geforderte Unabhängigkeit eine Herausforderung darstellen, bei der externe Auditoren unterstützen können.

Grundsätzlich sind Audits ein wertvolles Verbesserungsinstrument zur Weiterentwicklung des Qualitätsmanagements. Mit Audits kann der aktuelle Status bestimmt werden, und auf der Grundlage der Erfahrung des Auditors können Verbesserungen ins Spiel gebracht werden.

Trotzdem werden Audits als Prüfung oder Überprüfung wahrgenommen. Sehr oft herrscht die Meinung vor, der Auditor wolle einen nur ausfragen und Antworten gegen den Auditierten verwenden.

Stellen Sie mögliche Verbesserungen in den Vordergrund!

Eine besondere Anforderung stellen die 3rd Party Audits dar. Anhand der ISO 17021 steht hierbei eine Konformitätsbestätigung im Vordergrund. Das bedeutet, der Zertifizierungsauditor prüft, ob die normativen und gesetzlichen Vorgaben durch das Unternehmen eingehalten wurden. Dies zeigt sich dann anhand der Bescheinigung der Organisation, dass diese konform zu einer gewissen Norm wie beispielsweise der DIN EN ISO 9001 handelt und entsprechend zertifiziert wurde.

Wichtig ist, dass die ausstellende Organisation akkreditiert ist, d. h. in Deutschland bspw. von der DAkkS[16]. In einigen anderen Branchen wird gefordert, dass die ausstellende Organisation eines Zertifikats akkreditiert sein muss. Dies findet sich u. a. im Automotive-Bereich in der branchenspezifischen Norm der IATF 16949:2016-10[17].

---

[16] https://www.dakks.de/
[17] https://www.beuth.de/de/technische-regel/iatf-16949/263942493

Eine weitere Unterteilung wird wie folgt vorgenommen:

Kombinierte Audits

Wenn in einer Organisation mehrere Normen umgesetzt wurden, können mit einem kombinierten Audit mehrere Normenanforderungen in einem einzigen Audit auf Konformität überprüft werden. Besonders die neue High Level Structure kommt diesem Audittyp entgegen.

In der Praxis macht dies beispielsweise Sinn, wenn Gemeinsamkeiten der Normenanforderungen aus einem Umweltaudit (ISO 14001), Qualitätsmanagementaudit (ISO 9001) und Datenschutzaudit (ISO 27001) gemeinsam geprüft werden.

Auditieren Sie Normanforderungen, welche gleich oder ähnlich sind, in einem Audit.

Gemeinschaftliche Audits

Gemeinschaftliche Audits sind solche, in denen eine Organisation durch mindestens zwei andere Organisationen auditiert wird.

In der Praxis kann dies beispielsweise der Fall sein, wenn bei einem Lieferantenaudit festgestellt wird, dass ein wichtiges Bauteil von einem Unterlieferanten produziert wird.

Wenn nun sichergestellt werden soll, dass dieser Unterlieferant qualitätsfähig ist, kann ein gemeinschaftliches Audit durchgeführt werden. Der Lieferant vereinbart bei seinem Lieferanten ein Audit und nimmt seinen Kunden als zusätzlichen Auditor mit zum Audit.

Wichtig ist, dass das Audit immer eine Stichprobe und keine 100 %ige Prüfung darstellt!

Der Erfolg eines Audits beruht auf der Erfahrung des eingesetzten Auditors und seiner Fähigkeit, das Gesehene auf der Basis seiner Erfahrung und der vorhandenen Vorgaben zu bewerten.

Ein wichtiges Erfolgskriterium sieht der Autor in der Definition eines prägnanten Auditziels. Dieses Auditziel muss durch eine geeignete Stichprobe, welche im Vorfeld definiert wird, während der Durchführung des Audits auf Konformität geprüft werden.

2.2. REMOTE-AUDIT-PRINZIPIEN

Das Remote Audit sollte hierbei keine anderen Grundlagen haben als diejenigen, die für ein Audit anhand der DIN EN ISO 19011 festgelegt wurden. Diese 7 Prinzipien werden nachfolgend aufgeführt:

Integrität

Die Integrität bildet die Grundlage der professionellen Arbeit des Auditors. Dies bedeutet, moralisch vertretbare Entscheidungen zu treffen und ehrlich zu sein. Jeder Auditor muss sich seiner Verantwortung als Auditor bewusst sein.

In der Praxis bedeutet dies, dass Auditoren nur Audit-Tätigkeiten durchführen, zu denen sie auch die Kompetenz besitzen. Diese Anforderung haben beispielsweise andere Normen schon als Muss-Bedingung übernommen, z. B. die VDA 6.3[18]. Gemäß VDA 6.3 muss ein Auditor die Kompetenz zum Auditieren nachweisen, ansonsten darf er das Audit nicht durchführen.

Sachliche Darstellung

„Sachliche Darstellung" bedeutet die Pflicht, genau, exakt und ohne Vermutungen Ergebnisse darzustellen.

Der Autor hat dieses Prinzip als Geschäftsführer der PeRoBa[19] Unternehmensberatung GmbH in die Firmenleitsätze übernommen. Dort heißt es: *„Wir fassen uns kurz und beschränken uns auf das Wesentliche."*

> *<ZDF> Zahlen, Daten, Fakten statt*
> *<ARD> Allgemein rumdiskutieren.*

---

[18] https://webshop.vda.de/QMC/de/e-band-6-teil-03-2016-2
[19] https://www.peroba.de/

Angemessene berufliche Sorgfalt

Diese Anforderung bedeutet für Auditoren, die notwendige Sorgfalt walten zu lassen, also in entsprechenden Situationen unter Einbeziehung aller notwendigen Einflüsse zu berücksichtigen und entsprechend begründete Bewertungen zu erstellen.

Vertraulichkeit

Auditoren erhalten durch ihre Tätigkeit – zum Beispiel im Gespräch mit Mitarbeitern – viele und teilweise vertrauliche Informationen seitens der Organisation.

Bei der Verwendung dieser Daten muss der Auditor die Vertraulichkeit schützen. In der Praxis bedeutet das: kein Finger-pointing!

Informationen, die in einem Auditgespräch erlangt wurden, muss der Auditor im Nachgang durch objektive Nachweise belegen. Gute externe Auditoren weisen von sich aus auf die Unterzeichnung einer Geheimhaltungsvereinbarung – NDA – hin.

Unabhängigkeit

Ein Auditor soll unabhängig, unparteilich und dadurch objektiv Audit-Schlussfolgerungen vornehmen.

Dies stellt die Anforderung an den Auditor, frei von Vorurteilen zu bewerten.

<ZDF> Faktengestützter Entscheidungsansatz

Der Auditor soll Entscheidungen oder Bewertungen nicht auf Basis von Vermutungen, sondern von vorhandenen Auswertungen, Statistiken und Nachweisen auf rationaler Ebene vornehmen.

Risikobasierter Ansatz

Dies bedeutet: Bei der Planung, Durchführung und beim Abschluss des Audits soll der Prozess risikobasiert durchgeführt werden.

Das kann in der Praxis zur Folge haben, dass nunmehr im Auditprogramm Bereiche, welche ein hohes Risiko haben, öfter auditiert werden müssen.

Der Autor hat hierzu einen Leitspruch, welcher er den Teilnehmern in seinen Auditoren-Ausbildungen an der TÜV Süd-Akademie zu vermitteln versucht:

„Das größte Risiko ist ein nicht erkanntes Risiko."

2.3. REMOTE-AUDIT-KOMPETENZEN

Kompetenzen eines Auditors werden durch verschiedene Regelwerke gefordert und müssen eigenverantwortlich definiert werden. Grundsätzlich benötigt ein Auditor Methoden-, Fach-, soziale und persönliche Kompetenzen.

Der Autor ist Mitglied im Bundesverband der Auditoren[20] und arbeitet dort im Arbeitskreis für die Ermittlung von Anforderungen an die Auditorenqualifizierung mit. Besonders bei der Durchführung von Fully Remote Audits werden höhere Anforderungen an die Kompetenzen gestellt als bei Audits vor Ort.

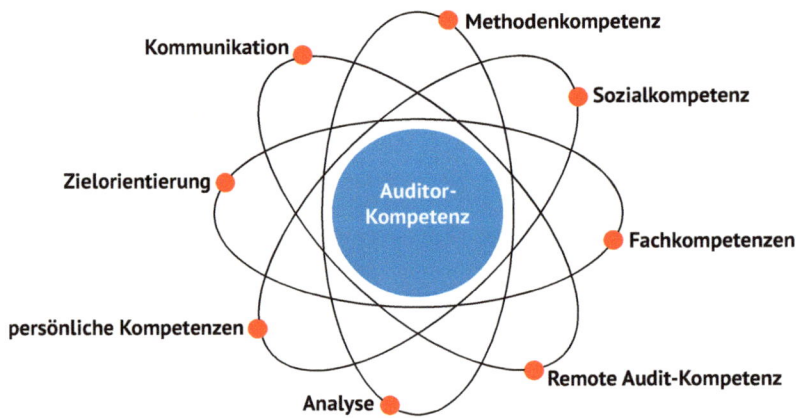

Abbildung 5: Kompetenzübersicht

Unter **Methodenkompetenz** können folgende Anforderungen an einen Auditor gestellt werden:
- die Fähigkeit, ziel- und ergebnisorientierte Gespräche gemäß dem Auditauftrag zu führen
- eine professionelle Auditpraxis anzuwenden und den Regelkreis des Auditprozesses nach ISO 19011 zu beherrschen
- Ergebnisse zu dokumentieren und zu präsentieren
- auf Basis objektiver Nachweise zu bewerten und zu priorisieren

---

[20] https://www.bvd-auditoren.de/

Bei den **Sozialkompetenzen** sollte der Auditor den folgenden Anforderungen gerecht werden:

- gegenüber Auditierten und Auditteammitgliedern wertschätzend zu agieren
- Konflikte auszuhalten und beizulegen bzw. zu schlichten
- Feedback geben zu können
- nicht ICH-bezogen, sondern teamfähig zu sein
- empathisch und diplomatisch zu agieren
- kulturelle Unterschiede einzubinden

Unter **Fachkompetenzen** können folgende Anforderungen an einen Auditor gestellt werden:

- Normenkenntnisse bezüglich der auditierten Norm
- über generelles Wissen zu Aufbau- und Ablauf der Organisationen zu verfügen
- i. d. R. durch entsprechende Berufserfahrung Tätigkeiten, Struktur, Kultur und Führung des Unternehmens zu kennen
- rechtliche Vorschriften und Vertragsbedingungen interpretieren zu können
- die Relevanz von spezifischen Rahmenbedingungen und interessierten Parteien einzuschätzen
- über Branchen- und Technologie-Know-how zu verfügen

Bei den **Analysekompetenzen** sollte der Auditor folgende Anforderungen erfüllen:

- Fähigkeiten zur Recherche und Darstellung von Informationen
- Sachverhalte im Lichte eigener und fremder Interessen zu beurteilen
- zwischen konstatierenden, erklärenden und wertenden Aussagen unterscheiden zu können
- Grundsätze, mathematische Zusammenhänge und Statistiken bewerten zu können

SPEZIFISCH	MESSBAR	AKTIVIEREND	REALISTISCH	TERMINIERT
Ziele müssen spezifisch, eindeutig und positiv beschrieben sein.	Die Zielerreichung sollte messbar sein.	Für das Projektteam sollte es attraktiv sein, das Projektziel zu erreichen.	Das Ziel muss realistischer Weise erreichbar sein.	Das Ziel muss terminlich klar festgelegt sein.

Abbildung 6: Die SMART-Regel

Unter **persönlichen Kompetenzen** können folgende Anforderungen an einen Auditor gestellt werden:
- integer und aufrichtig zu sein
- selbstsicher aufzutreten und Meinungen vertreten zu können
- aufgeschlossen sein, alternative Standpunkte zu vertreten
- zuverlässig und genau zu arbeiten
- ausdauernd und engagiert zu sein
- humorvoll zu sein
- eine schnelle Auffassungsgabe zu haben und aufmerksam zu sein
- verantwortungsvoll und ethisch zu handeln
- „Wadlbeißer"-Fähigkeiten, um ein Thema konsequent zu verfolgen

Bei den **Zielorientierungskompetenzen** sollte der Auditor folgenden Anforderungen gerecht werden:
- Planungsfähigkeit bezüglich der Entscheidungsgrundlage(n)
- die SMART-Regel zu beherrschen
- Stolpersteine auf dem Weg der Zielerreichung zu umgehen
- Lösungsfindung in Bezug auf noch unerreichte Ziele

Unter **Kommunikationskompetenzen** können folgende Anforderungen an einen Auditor gestellt werden:
- verbale und nonverbale Kommunikation
- aktives Zuhören
- Rhetorik

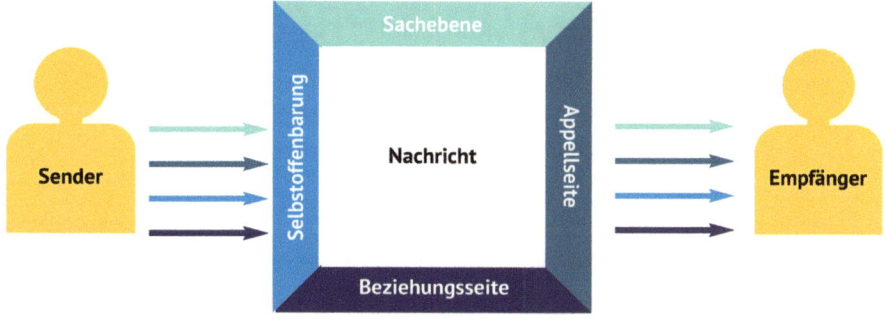

Abbildung 7: Die vier Seiten einer Äußerung – Modell nach Friedemann Schulz von Thun

- Sprache und deren Wirkung
- Kenntnis von Stereotypen
- Einwandbehandlung und Killerphrasen
- Kenntnis des Sender-Empfänger-Modells
- Verständnis für die „vier Seiten" einer Nachricht
- Gesprächstechniken effektiv einzusetzen
- Moderationsfähigkeiten
- überzeugend zu argumentieren

Bei der **Remote Audit-Kompetenz** sollte der Auditor folgende erhöhte Anforderungen erfüllen:
- Kommunikation über digitale Medien
- erhöhter Konzentrationsaufwand für Auditor und Auditierte
- Zeitplanung und Pausen
- Generierung der Nachweise
- Rahmenbedingungen, insbesondere rechtlicher Art

Der Autor hat bereits viele Remote Audits durchgeführt und auf Basis der bisherigen Erfahrungen für sich folgenden Leitsatz aufgestellt: *Für Remote Audits benötigt der Auditor die Kompetenz,*

„mit den Ohren zu sehen."

3 DER REMOTE-AUDIT-PROZESS

Der Zweck des ersten Kontakts ist es, gemeinsam mit dem zu auditierenden Bereich eine Grundlage für die Detailplanung des einzelnen Audits zu schaffen.

Das Veranlassen eines Remote Audits ist der erste operative Schritt zu dessen Durchführung. Die Basis für das Veranlassen von internen Remote Audits ist das Auditprogramm des Unternehmens.

Die COVID-19-Pandemie im Jahr 2020 hat die Anforderungen und Durchführung von Audits verändert. Aufgrund der Reisebeschränkungen oder Firmenvorgaben hatten insbesondere externe Auditoren keinen Zutritt mehr zum Firmengelände, um Vor-Ort-Audits durchführen zu können.

Der Remote Audit-Prozess sollte grundsätzlich nicht von einem normalen Audit-Prozess abweichen. Dies bedeutet, bei einem Remote-Audit-Prozess gibt es Schwerpunkte, die bezüglich der virtuellen Durchführung zu beachten sind. Dies ändert jedoch nichts am grundsätzlichen Vorgehen.

1. Phase – Vorbereitung

In der Vorbereitungsphase werden die Technik, der Auditumfang und insbesondere die Zielsetzung des Audits definiert.

Bei der Beauftragung von externen Auditoren sollte in diese Phase der Abschluss einer Geheimhaltungsvereinbarung (NDA – Abkürzung für non-disclosure agreement) in diese Phase fallen.

Zu beachten ist, dass bei der Verwendung von klassischen Kommunikationstools als Auditlösung relevante Remote-Audit-Dokumente in

Papierform als Nachweise vom auditierten Bereich unter Umständen vorab eingescannt werden müssen, um diese dem Auditor mittels einer Sharing-Funktion zeigen zu können.

Für den Autor stellt der Einsatz eines Kommunikationstools nur eine eingeschränkte Umsetzung eines Remote Audits dar.

2. Phase – Auditplan

Die Auditplanung sollte unter einem risikobasierten Ansatz erfolgen. Für die Praxis kann ein bisher verwendeter Auditplan um folgende – für den Remote-Audit-Prozess – relevante Kriterien ergänzt werden:

Einigung über die eingesetzte Technik und/oder Softwarelösung

- Benennung eines Ansprechpartners inkl. Kontaktdaten, falls die Remote-Audit-Verbindung nicht zustande kommen kann oder unterbrochen wird
- eine Fallbacklösung, wenn kontinuierlich Probleme bei der Verbindung bestehen, bspw. durch eine Telefonkonferenz
- die zeitliche Einschätzung entsprechend den Remote-Audit-Prozess-Anforderungen zu prüfen und ggf. anzupassen.

Die Erfahrung zeigt, dass insbesondere die Vorbereitungszeit unterschätzt bzw. zu gering angesetzt wird.

3. Phase – Dokumentenprüfung

In der Phase der Dokumentenprüfung wird analog zum regulären Auditprozess die Prüfung der zur Verfügung gestellten Unterlagen vorgenommen.

Die Sichtung der Unterlagen, die Bewertung und die Prüfung der letzten Audit-Berichte sind relevant, um u. a. die Audit-Durchführung effizient und so effektiv wie möglich zu gestalten.

Auf der Basis der Dokumentenprüfung kann nun für das Remote Audit eine Checkliste erstellt werden. Die Dokumentenprüfung sollte – wie bei jedem Audit – die Größe, Art und Komplexität der Organisation sowie die Auditziele berücksichtigen.

4. Phase – Durchführung

Die Audit-Durchführung während eines Remote Audits kann in zwei unterschiedliche Bereiche unterteilt werden.

Phase 4.1
Die Phase der klassischen Dokumentenprüfung zusammen mit dem Auditierten und die Ermittlung von Auditnachweisen. Diese Phase kann derzeit mit gängigen, auf dem Markt verfügbaren Kommunikationstools durchgeführt werden.

Phase 4.2
Diese Phase der Durchführung besteht während des regulären Audits aus der typischen „Begehung" der Auditörtlichkeiten und den damit zusammenhängenden Interviews mit Beteiligten an den auditierten Prozessen zu den Anforderungen aus dem klassischen Auditprozess.

Mit den gewonnenen Informationen und Nachweisen wird die Erstellung des Auditberichts entsprechend der DIN EN ISO 19011 vorgenommen.

5. Phase – Nachbereitung

Die Phase der Nachbereitung umfasst die auf Basis der Durchführung generierte Auditberichtserstellung entsprechend der DIN EN ISO 19011. Im Auditbericht werden die gefundenen Themen bewertet, und dem Auftraggeber wird eine Maßnahmenliste zur Verfügung gestellt.

Aus dem Auditbericht muss eindeutig hervorgehen, ob es sich um Abweichungen oder Anmerkungen beziehungsweise Empfehlungen handelt.

> *Sprechen Sie Abweichungen immer bei der Durchführung an und belegen Sie diese durch objektive Auditnachweise.*

Der Bericht wird dem auditierten Bereich bzw. dem Auditauftraggeber übergeben und es kann optional eine Abschlussbesprechung stattfinden, wozu der Einsatz der digitalen Kommunikationstools prädestiniert ist.

Grafisch kann der Remote-Audit-Prozess wie folgt dargestellt werden:

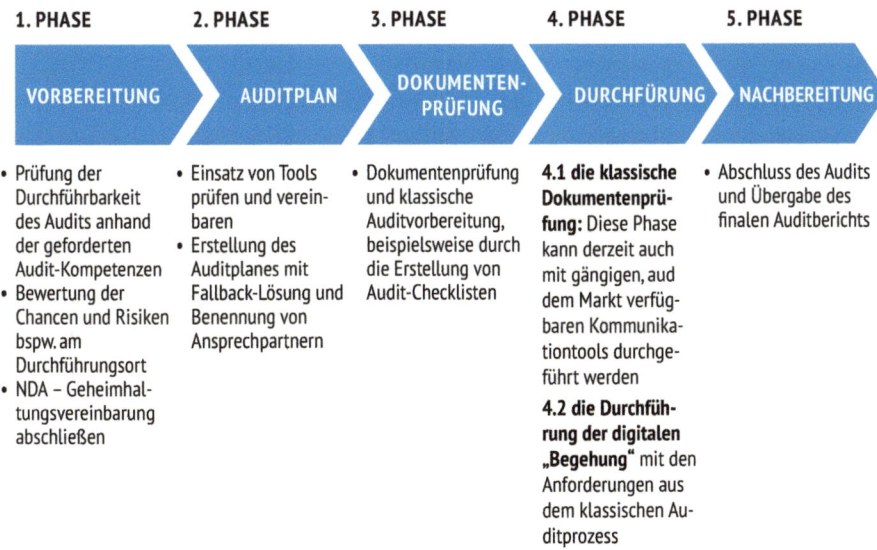

Abbildung 8: Remote-Audit-Prozess

3.1. DEFINITION REMOTE AUDIT

Gekennzeichnet ist ein Remote Audit dadurch, dass der Auditor nicht vor Ort tätig wird, sondern beispielsweise in einem Büro arbeitet, das geografisch von der auditierten Organisation weit enfernt ist.

Das Remote Audit wird durch den Auditor wie ein klassisches Audit vor Ort durchgeführt. Von der Auditplanung über die Auditabwicklung bis hin zur Berichterstattung und Nachbereitung ist der Ablauf eines Remote Audits identisch zum Ablauf eines Vor-Ort-Audits.

Derzeit werden sehr oft folgende Tools für Remote Audits angeführt:

Konferenzsystemtechnologien
Diese eignen sich für die Durchführung von Befragungen und die Prüfung von Dokumenten unter Beteiligung des auditierten Bereichs. Dies entspricht der Phase 4.1 des oben gezeigten Remote-Audit-Prozesses.

Umfragetools und Checklisten zur Vorbereitung des Audits
Diese werden dem Auditierten teilweise im Vorfeld zur Verfügung gestellt. Dieses Vorgehen hat sowohl Vor- als auch Nachteile und ist für den Autor noch kein Anzeichen für ein Remote Audit. Dieses Prinzip wird auch bei Vor-Ort-Audits oder Lieferantenaudits eingesetzt, um die Auditzeit zu reduzieren.

Live-Video
Eine Live-Verbindung eignet sich, um direkt eine Interaktion mit dem zu auditierenden Bereich durchzuführen. In diesem Zusammenhang kann ein Livestream auch die Funktion eines Nachweises übernehmen, bspw. kann er ein Prozessergebnis zeigen (Livestream einer Verschrottung von fehlerhaften Produkten).

Videoaufzeichnungen
Aufzeichnungen von Überwachungskameras; Videoaufnahmen eignen sich als dokumentierte Informationen zum Nachweis der Erfüllung von Anforderungen.

3.2. VORAUSSETZUNGEN

Die Voraussetzung, um ein Remote Audit durchzuführen, ist eine stabile Internetverbindung mit ausreichender Bandbreite. Letztere sollte für eine Videokonferenz angemessen sein, das heißt, eine Videoübertragung sollte ohne größere Verzögerungen oder Unterbrechungen durchgeführt werden können. So simpel diese Anforderung klingt, kann diese doch in Deutschland derzeit eine Herausforderung darstellen. Die Anbindung an schnelles Internet ist im Ausland sehr oft wesentlich besser als in einigen Bereichen oder in ländlichen Regionen hierzulande.

Weiterhin sollte die erforderliche technische Ausstattung vorhanden sein. Diese kann aus einem Computer mit entsprechender Software zur Übertragung von Bild und Ton sowie aus Mobilgeräten zum Empfang respektive auch wiederum zur Übertragung von Bild und Ton bestehen.

Beide Parteien, das heißt der Auditierende und die Auditierten, müssen sich über dieses Vorgehen einigen. Insbesondere beim Einsatz von digitalen Technologien ist das Thema Sicherheit und Datenschutz von besonderer Bedeutung. Sofern geeignete Software eingesetzt wird, können auch während des Audits gleich entsprechende Auditnachweise für den Bericht dokumentiert werden.

Hierbei ist notwendigerweise sicherzustellen, dass diese Nachweise gemäß den Datenschutzbestimmungen verwaltet und behandelt werden.

Alle anderen Voraussetzungen und Anforderungen unterscheiden sich nicht von einem normalen Audit. Einen Schwerpunkt bildet in diesem Fall immer die Kommunikation.

Anders als bei einem Audit, bei dem der Auditor persönlich vor Ort ist, kann er die Kommunikation mittels Körpersprache nicht berücksichtigen. Diese fällt beim virtuellen Audit i. d. R. weg oder ist lediglich eingeschränkt verfügbar, da nur ein Teilbereich, meistens das Gesicht, sichtbar ist. Die Kommunikation kann hierbei sehr oft zu Missverständnissen führen. Dessen muss sich insbesondere der Auditor bewusst sein, denn er führt das Gespräch.

> *Fassen Sie zusammen, damit keine Missverständnisse entstehen, z. B.:*
> *„Habe ich Sie korrekt verstanden, Sie meinten ...?"*

Der Auditierte sollte sich dieses Umstands ebenfalls bewusst sein. Jedoch ist der Auditor derjenige, welcher das Gespräch führt – und zwar ein Gespräch ohne die komplette Mimik und Gestik seines Gegenübers.

Andere Einflüsse können ebenfalls zu Missverständnissen oder zu einer fehlerhaften Bewertung führen. Dieses Umstands sollte sich jeder Auditor, der ein Remote Audit durchführt, bewusst sein.

Das Hinzuziehen von Spezialisten kann leichter werden. Sie werden nur für den Zeitraum ihrer Expertise benötigt, und sie sparen sich eventuell erhebliche Reisezeiten und -kosten. Stellen Sie deren Verfügbarkeit der Experten sicher.

Eine wesentliche Voraussetzung zur Durchführung eines Remote Audits ist, dass der Auditor die zu auditierende Organisation kennt. Die Einschränkungen der derzeitigen Technologien lassen nach Ansicht des Autors nicht in jedem Fall ein vollständiges Fully Remote Audit zu.

Dies ist unabhängig davon, welche Technologie verwendet wird. Zudem muss bei einem Fully Remote Audit der Bereich der Begehung ebenfalls abgedeckt werden, siehe Remote-Audit-Prozess, Phase 4.2.

Die Verwendung von mobilen Endgeräten oder der Einsatz von Datenbrillen, sog. Smart Glasses, wäre hierfür eine Mindestalternative.

Jedoch stoßen auch diese Technologien – derzeit – an ihre Grenzen, beispielsweise wenn andere Sinne, wie etwa der Geruchssinn, Tast- oder Geschmackssinn, benötigt werden.

In einer Gießerei den Sand zu fühlen, welcher evtl. auch mit einer Sandprüfmaschine gemessen wird, ist derzeit digital nicht möglich.

Aus diesem Grund sieht der Autor im Sinne einer Auditdurchführung entsprechend der DIN EN ISO 19011 eine Remote-Audit-Durchführung bei einer unbekannten Organisation mehr als kritisch.

Nehmen Sie eine Risikobewertung des Remote Audits vor!

Nachfolgend eine grobe Übersicht der Einsatzmöglichkeiten:

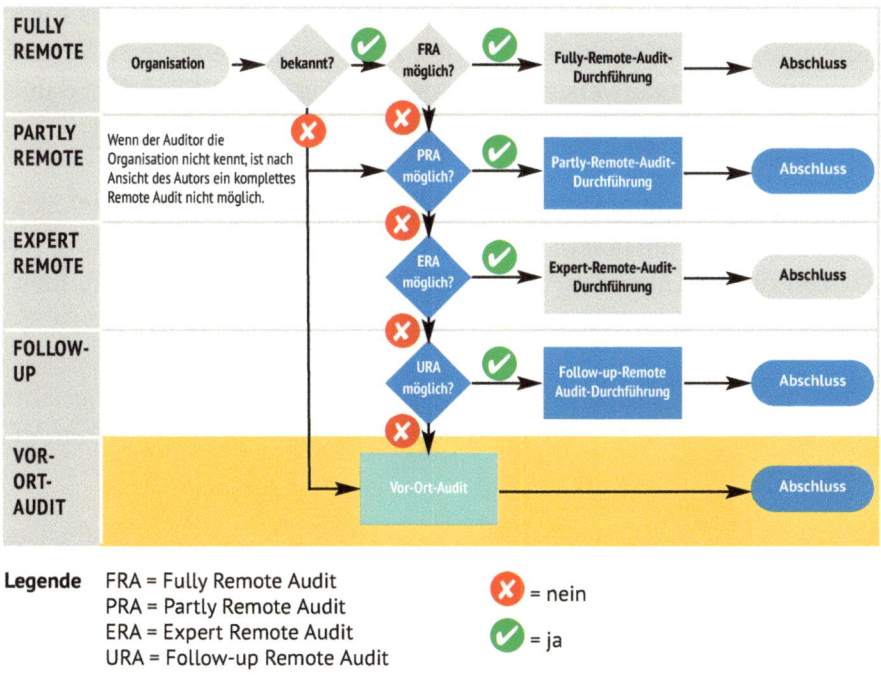

Abbildung 9: Voraussetzung für die Audit-Durchführung

3.3. AUDITPLAN

Ein relevantes Dokument ist weiterhin der Auditplan, der umgangssprachlich nichts anderes als die Agenda des Audits darstellt. Für die auditierte Einheit ist dies eine Übersicht, die u. a. zeigt, welche Aktionen in welchen Bereichen stattfinden werden und wie viel Zeit vorgesehen ist.

Bevor der Auditplan erstellt wird, ist nach Ansicht des Autors jedoch eine Vorbereitung im Sinne einer Dokumentenprüfung zwingend erforderlich.

Das heißt, die ersten Schritte, die Einzug in den Auditplan finden sollen, sind die Definition und die Zielsetzung des Audits sowie die gemeinsame Klärung des Auditumfangs mit dem Auditauftraggeber.

Entsprechend dieser Rahmenbedingungen können dann für das Audit notwendige Unterlagen, Dokumente, Prozessbeschreibungen, Verfahrens- und Arbeitsanweisungen zur Verfügung gestellt werden, damit der Auditor diese prüfen und bewerten kann.

Dies ermöglicht dem Auditor einen Einblick in die Prozesse der Organisation und für die praktische Umsetzung eventuell die Ermittlung von Risiken für die Durchführung, um diese während des Audits zu identifizieren und zu bewerten.

Nicht vergessen werden sollte die Prüfung des letzten Auditberichts oder zumindest des letzten für den auditierten Bereich relevanten Auditberichts.

Prüfen Sie die letzten Auditberichte und Maßnahmenpläne.

Ein Grundsatz lautet hierbei, dass das Rad nicht immer neu zu erfinden ist. Die Erkenntnisse und Erfahrungen des vorhergehenden Kollegen, welcher das Audit durchgeführt hatte, können einen ersten Eindruck vermitteln.

Beispielsweise sollten Abweichungen bzw. die Maßnahmen festgelegt sein, die der auditierte Bereich durchzuführen hat. Bei der Durchführung der Audits ist eine diesbezügliche Überprüfung möglich.

In der Praxis bedeutet dies, dass bei einer Abweichung der auditierte Bereich diese mit einer geeigneten Maßnahme beheben muss; ansonsten wäre spätestens an dieser Stelle bei der Durchführung eine gute Begründung des auditierten Bereichs notwendig, um eine erneute Abweichung zu vermeiden.

Weiterhin gehören die Namen des Auditors und der Co-Auditoren sowie auch die Namen der Beteiligten und eine grobe Auflistung dazu, wer, wann, wo und zu welchem Thema auditiert wird, mit in den Auditplan hinein.

Insbesondere im Rahmen des Remote Audits sollte im Auditplan auch ein Abschnitt zu den Besonderheiten des Remote Audits nicht fehlen. In Anbetracht des risikobasierten Audits bedeutet das eine Planung für mögliche Probleme.

Dies kann in der Praxis bedeuten, dass im Auditplan eine weitere Kontaktperson mit Telefonnummer aufgeführt ist, die kontaktiert werden kann, wenn es zu einem Abbruch der Internetverbindung oder zu einem Abbruch irgendeiner sonstigen Art und Weise kommen sollte.

Wie kann das Audit unter diesen Rahmenbedingungen in ganz klassischer Weise mit dem risikobasierten Ansatz weitergeführt werden?

Gibt es eine Person in einer bestimmten Rolle, welche die Verantwortung übernehmen kann, wenn der Auditor im Falle von Problemen nicht mehr am Audit teilnehmen kann? In der Automobilbranche wird dies durch entsprechende Vorgaben empfohlen.

Die Durchführung ist im Auditplan für Remote Audits ebenfalls besonders zu berücksichtigen. Je nachdem, welche Lösung für das Remote Audit eingesetzt wird, kann sich hier das Remote Audit entsprechend von dem Vor-Ort-Audit unterscheiden.

Beim Einsatz von sogenannten Kommunikationstools wie beispielsweise Teams, Skype, Webex etc. können zwar entsprechende Nachweise aufgenommen werden, allerdings muss das in diesem Falle dem Auditierten auch immer klar und deutlich gesagt werden.

Nicht alle diese Methoden ermöglichen es dem Auditierten, sicherzugehen, dass auch tatsächlich nichts aufgenommen wird. Dies bedeutet, Remote Audits erfordern in diesem Umfeld ein bestimmtes Vertrauen sowohl in den Auditor wie auch in die beteiligten Personen und darin, dass nur das aufgezeichnet wird, was auch genehmigt worden ist.

Das ist insbesondere dann relevant, wenn beim Auditierten vertrauliche oder nicht allgemein sichtbare Bereiche oder Unterlagen gezeigt werden.

Bei der Verwendung von spezifischen Remote Audit-Lösungen, wie beispielsweise der iVision® der PeRoBa Unternehmensberatung GmbH, können die Anforderungen an ein Audit entsprechend der Managementsysteme durch die Software unterstützt werden.

Dies bedeutet, der Auditierte kann automatisch erkennen, wenn beispielsweise während des Audits eine Aufnahme, sei es in Form eines Screenshots oder eines Videos, erfolgt. Somit ist hier eine komplette Transparenz gewährleistet.

Wie werden in einem Remote Audit die Vertraulichkeit, die Sicherheit und der Datenschutz gewährleistet? Zu berücksichtigen sind die Gesetze und Vorschriften und möglicherweise zusätzlichen Vereinbarungen.

Es kann hilfreich sein, den Datenschutzbeauftragten der Organisation zu kontaktieren. Im Auditplan sollten die Vorgaben zur wirksamen Umsetzung der Sicherheitsmaßnahmen aufgeführt sein.

Auditplan

Auftraggeber:	

Auditleiter:	Dr. Roland Scherb / (RS)	Projekt-Nr.:	Klicken oder tippen Sie hier, um Text
Auditor (Experte):	-	Auditdatum:	Klicken oder tippen
Auditbeauftragte/r:	Klicken oder tippen Sie hier, um Text einzugeben.		

☐ Probe-Zertifizierungsaudit	☐ Nachaudit	☐ ISO 45001
☐ Überwachungsaudit	☐ ISO 37301	☐ ISO 29990
☒ Remote Audit	☒ ISO 27001	☐ SCC/SCP
☐ Wiederholungsaudit	☒ ISO 9001:2015	☐ ISO 50001
☐ Voraudit	☐ ISO 14001	☐ IATF

Auditziele (Schwerpunkte)	Durchführung eines internen Audits - Audits sind eine Stichprobenüberprüfung entsprechend dem Auditumfang und -kriterien.		
Anmerkungen:	keine	Anzahl MA:	Klicken
Geltungsbereich:	☒ siehe Zertifikatstext (s.u.)	☐ keine Änderung	

Datum Uhrzeit [1]	Prozesse / Bereich	Verantwortliche[2] und Normanforderung	Auditoren
	Begrüßung und Erläuterung zum Auditplan	ALLE	RS
	Erörterung und Klärung der Systemanforderungen Unterlagen – und Dokumentenprüfung Stufe 1 Struktur und Prozesse des QM-Systems		

Erstellt am:		Auditsprache	

Verteiler: Kunde / Auditor / ...
Kunde (mit der Bitte um interne Weiterverteilung)

Es gelten unsere AGB´s.

Die Auditzeiten sind Anhaltspunkte. Je nach Themen und Dokumentenlage können diese unter- oder überschritten werden.

---

1 Veränderungen im Auditablauf sind möglich
2 Sind vom Unternehmen festzulegen

Abbildung 10: Muster eines Auditplans der PeRoBa GmbH

3.4. VORBEREITUNG

Die Vorbereitung für ein Remote Audit ist grundsätzlich mit der Vorbereitung auf ein Vor-Ort-Audit identisch. Besonderes Augenmerk sollte bei der Vorbereitung eines Remote Audits auf die Technik und die Umgebung gelegt werden.

Insbesondere bei einem Audit, welches in einer anderen Zeitzone stattfindet, wird dies für den Auditor eine Auditdurchführung außerhalb der normalen Arbeitszeiten bedeuten.

Zu den grundlegenden Anforderungen zählt eine gute Beleuchtung bzw. Ausleuchtung des Arbeitsplatzes. Bitte achten Sie hierbei auch auf arbeitsschutzrechtliche Bestimmungen, da aus unserer Praxis heraus immer wieder beobachtet wurde, dass beispielsweise Lichtquellen direkt ins Gesicht – ins Auge – leuchteten. Dies kann zu einer stärkeren Ermüdung führen. Optimal wäre eine indirekte Hintergrundbeleuchtung, so dass einerseits der Auditor im Bild gut erkannt werden kann und andererseits die Arbeitsfläche für Notizen gut ausgeleuchtet ist.

Weiterhin sollte der Arbeitsplatz des Auditors ruhig und aufgeräumt sein, da er vor dem Computer sitzt und das Audit virtuell durchführt. Ruhig auch in dem Sinne, dass ungewollte Störungen durch andere Personen im Hintergrund vermieden werden, insbesondere wenn es im Audit um sensible Bereiche und Daten geht. Es gibt inzwischen auch mobile Hintergründe, welche aufgeklappt werden können, um die Hinteransicht zu verdecken.

Als Auditor müssen Sie sich dessen bewusst sein, dass der Auditierte sich während des Audits auf Sie konzentriert. Hierbei kann auch die Verwendung eines unpassenden virtuellen Hintergrunds störend wirken.

Der Autor verwendet zur Durchführung eines Remote Audits einen PC mit zwei externen Kameras, einem externen hochwertigen Mikrofon, zwei externe Lautsprecher und vier an den PC angeschlossene Monitore.

Das externe Mikrofon und die Lautsprecher können entsprechend den persönlichen Präferenzen entfallen, wenn anstelle dieser Geräte ein gutes Headset verwendet wird.

Eine PC-Kamera wird mittels entsprechender Software zur Besprechung mit dem Auditierten verwendet, die zweite PC-Kamera zur Darstellung auf ein Flipchart zum Hervorheben von Zusammenhängen etc.

> *Der Einsatz „klassischer" Hilfsmittel wie Flipchart, Whiteboard etc. kann bei einem digitalen Audit ebenfalls hilfreich sein.*

Die Monitore erfüllen während des Remote Audits verschiedene Funktionen:

- Auf **Monitor 1** werden mit dem Auditor geteilte Inhalte gezeigt und besprochen.
- Auf **Monitor 2** wird der Auditierte angezeigt, damit sich der Auditor und der Auditierte sehen können. Beachten Sie bitte, dass Sie beim Sprechen in die Kamera sehen, dies kann den Eindruck des Blickkontakts erzeugen. Auch die Position der Kamera kann entscheidend sein. Vermeiden Sie, die Kamera zu weit unten zu positionieren. Dies erzeugt beim Auditierten den Eindruck eines Blicks von oben und kann sich ebenfalls störend auf den Auditprozess auswirken.

> *Markieren Sie die Kamera mit einem auffälligen Symbol, welches Sie daran erinnert, in die Kamera zu sprechen.*

- Auf **Monitor 3** werden relevante Word- oder PDF-Dateien – im Hochformat – angezeigt.
- Auf **Monitor 4** wird ein Interaktionstool für die Teilnehmer am Audit dargestellt, alternativ werden Outlook oder ein Notizprogramm verwendet.

Es gilt wieder: Sie müssen im Vorfeld testen, ob Sie die Effekte erzielen können, welche Sie im Audit erreichen wollen. Insbesondere der bereits mehrfach angesprochene Technikcheck ist relevant. Es kann grundsätzlich niemals zu wenig getestet werden.

Nichts ist schlimmer, als wenn Sie ein Audit durchführen bzw. im Audit sind und dann feststellen, eine Technik oder eine Funktionalität klappt gerade nicht.

Natürlich können Sie immer sagen, es sei der „berühmte Vorführeffekt", aber nichtsdestotrotz stellt eine professionelle Durchführung eines Remote Audits auch besondere Anforderungen an den Auditor.

Der Auditor sollte ein Remote Audit ebenso professionell durchführen können wie ein Vor-Ort-Audit.

Im Gegensatz zu einigen im Internet gefundenen Empfehlungen, denen zufolge der Erfolg eines Remote Audits von der Erstellung und der Verwendung von Checklisten sowie von deren Zusendung an den auditierten Bereich zur Durchführung eines Self-Assessments abhängt, kann der Autor dies nur verneinen!

Natürlich sind Vorteile vorhanden, wenn Sie dem Auditierten eine Checkliste zum Self-Assessment senden. Das kann Zeit während der Durchführung des Audits einsparen. Jedoch sollte hier berücksichtigt werden, dass sich der Auditierte dann entsprechend vorbereiten kann.

Wenn Sie die Checkliste nicht vorab zur Verfügung stellen, erhöht dies die Wahrscheinlichkeit, dass während der Audit-Durchführung gewisse Versäumnisse sichtbar werden.

Ein Audit ist immer eine Stichprobe!

Nachfolgend eine Übersicht der Vorbereitungsphase:

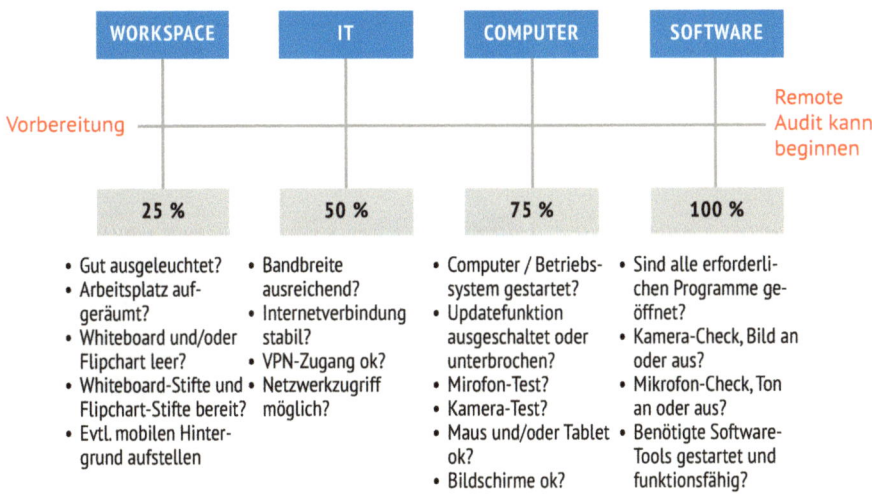

Abbildung 11: Remote-Audit-Vorbereitung

45

3.5. DURCHFÜHRUNG

Unabhängig davon, ob ein Remote Audit bei einem produzierenden Unternehmen oder in der Dienstleistung durchgeführt wird, bleibt der Remote-Audit-Prozess grundsätzlich identisch.

Was sich verändert, sind die Anforderungen an das Remote Audit oder die Komplexität. Bei einem Produktionsunternehmen müssen auch die Produktionsräume sowie die Werkstätten etc. auditiert werden. Dies kann analog bei einer Dienstleistung der Ort der Dienstleistungserbringung sein, z. B. bei einem mobilen Reinigungsunternehmen die Fahrzeuge.

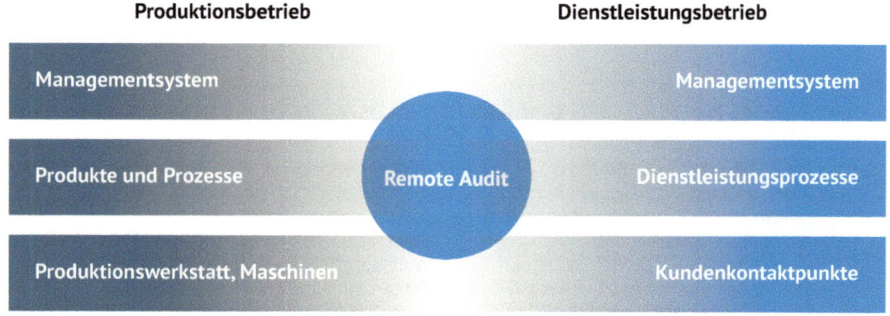

Abbildung 12: Remote-Audit-Durchführung

Gemäß dem Remote-Audit-Prozess muss nun entschieden werden, in welcher Phase die Durchführung erfolgt, ob in der Phase 4.1 „Dokumentenprüfung" oder der Phase 4.2 „Begehung".

Für Phase 4.1 Dokumentenprüfung können die vorhandenen Technologien angewendet werden, wie bereits erläutert. Bei Phase 4.2 Begehung kann die derzeitige Technologie an ihre Grenzen stoßen.

Für Phase 4.1 Dokumentenprüfung eignen sich die vorhandenen Kommunikationstools für Videokonferenzen und Dokumenten-Sharing, wie bspw. MS-Teams, Webex, Skype, Jitsi, GoToMeeting, Zoom usw.

Die Funktionalität muss vorhanden sein, um gleichzeitig verschiedene Dokumente zeigen und diese gemeinsam besprechen zu können und sich vom Auditor Rückfragen erläutern zu lassen. Da der Auditor und die Auditierten vor dem PC sitzen und das Audit virtuell durchführen, muss der Auditor darauf achten, dass er langsam und deutlich spricht sowie ggf. kulturelle Besonderheiten berücksichtigt.

Die Phase 4.2 Begehung stellt noch weitere Anforderungen an den Auditor, da nun die Besichtigung der Produktion oder anderer Bereiche und die Befragung von am Prozess beteiligten Mitarbeitern durchgeführt werden müssen.

Wie im vorhergehenden Kapitel beschrieben, ist nach Ansicht des Autors eine vollständige Remote-Durchführung bei einer unbekannten Organisation grundsätzlich nicht möglich.

Bei einem Remote Audit ist definitiv immer eine klare und eindeutige Kommunikation mit dem Gegenüber sinnvoll und notwendig. Bitte beachten Sie auch alle anderen sonstigen Regeln für ein Audit, d. h., stellen Sie offene Fragen.

Das bedeutet nicht, dass der Auditor nur offene Fragen stellen darf, denn ab und zu ist es auch sehr zielführend und sinnvoll, eine geschlossene Frage zu stellen. Dies kann hilfreich werden, wenn der Auditierte eine sehr redegewandte Person sein sollte oder – umgangssprachlich formuliert – „immer um den heißen Brei herumredet".

Mit einer geschlossenen Frage kann der Auditor diesen Ablauf unterbrechen und eine JA-/NEIN-Entscheidung herbeiführen. Benötigt der Auditor den Nachweis für die Durchführung einer Prüfung, hat der Befragte nur zwei Antwortmöglichkeiten:

- Entweder die Antwort lautet <NEIN>, dann liegt die Bewertung beim Auditor.
- Sollte die Antwort <JA> sein, dann kann der Auditor nun nach einer dokumentierten Information als Nachweis fragen und hat

die nicht zielführende Diskussion mit diesem Vorgehen unterbrochen.

Der Auditor sollte nicht vergessen, sich am Ende der Befragung beim Auditierten für seine Zeit zu bedanken.

Der Auditprozess ist immer ein Störprozess. Daher ist es mit Sicherheit angemessen, dem Auditierten für seine Zeit und für seine Mitarbeit zu danken. Weiterhin kann dieses Verhalten auch langfristig in einer Firma hilfreich sein, um die Akzeptanz von Audits zu stärken.

> *Fassen Sie am Ende der Befragung und des Audits das Gesagte zusammen. Bedanken Sie sich für die Unterstützung.*

Am Ende der Auditbefragung, sowohl im Einzelnen als auch am Ende des gesamten Audits, erfolgt eine kurze Zusammenfassung. Der Auditor stellt klar und deutlich heraus, wie das Audit war und welche Abweichungen es gab.

Das muss jetzt nicht immer bedeuten, dass der Auditor auf die auditierte Einheit mit Abweichungen und Forderungen zukommt.

Sehr zielführend und effektiv ist es, positive Effekte zuerst zu benennen.

Das Ziel eines Audits besteht nicht unbedingt darin, Abweichungen zu finden, sondern vielmehr darin, Verbesserungen und die Übereinstimmung mit den Normenforderungen zu gewährleisten.

Wenn etwas besonders gut läuft, sollte der Auditor dies ebenfalls benennen und in den Audit-Bericht aufnehmen.

Nachfolgend eine Zusammenfassung der Durchführung und relevanter Einflüsse:

AUDIT-PHASE	ZIEL	ANFORDERUNG IM REMOTE AUDIT	
EINFÜHRUNG	• Abholung der Teilnehmer und kurze Erläuterung zum Grund, Umfang, Zweck etc. • ggf. Kommunikationsregeln aufstellen und erläutern	Auditor	• Führt das Gespräch! Langsam und deutlich sprechen
		ITK	• Regeln der Kommunikation erläutern. So schalten bspw. alle Teilnehmer bis auf den Gesprächspartner das Mikrofon aus.
		Kommunikation	• Zu Beginn nachfragen, ob de Verständigung gut ist. • Am Ende der Einführung eine kurze Zusammenfassung geben und nachfragen, ob Unklarheiten bestehen
DURCHFÜHRUNG	• Befragen Sie nicht nur die Führungskräfte, sondern auch die am Prozess beteiligten Mitarbeiter. • Sprechen Sie langsam, klar und deutlich. Sehen Sie in die Kamera, nicht in den Monitor! • Fragen Sie, ob Aufnahmen zu Nachweiszwecken erlaubt sind, und nehmen Sie diese nicht eigenmächtig vor. • Benennen Sie klar Abweichungen.	Auditor	• Fragen Sie öfter nach, ob die Verständigung in Ordnung ist und ob Sie gut verstanden werden.
		ITK	• Sehen Sie in die Kamera. Bei geringer Bandbreite ggf. Kamera abschalten (nur in Phase 4.1. möglich).
		Kommunikation	• Machen Sie spätestens nach einer Stunde eine kurze Zusammenfassung und eine Pause.
		Strategie	• Beenden Sie die Bildschirmteilung, wenn kein Dokument etc. zu besprechen ist. Nur das Relevante zeigen.
ABSCHLUSS	• Dank und Zusammenfassung • Positives und Abweichungen benennen • Verweis auf Auditbericht und Handhabung der Aufzeichnungen	Auditor	• Bedanken Sie sich und fassen Sie Ihre Eindrücke zusammen.
		Kommunikation	• Kein „Finger-pointing' und keine Behauptung, die Technik sei schuld gewesen

Abbildung 13: Auditdurchführung

3.6. NACHBEREITUNG

Nach Abschluss des Remote Audits erfolgt die Nachbereitung. Nun ist die Entscheidung über die Auswahl der Remote-Audit-Software von Bedeutung.

Beim Einsatz von klassischer Kommunikationssoftware müssen während des Audits handschriftliche Notizen aufgezeichnet werden, die nun in den Auditbericht übernommen werden müssen.

Eventuell genehmigte Aufnahmen sind nun den entsprechenden Bewertungspunkten zuzuordnen und ebenfalls in den Bericht zu übernehmen. Ergänzend hierzu können vorab ausgefüllte Checklisten unterstützen, um den finalen Auditbericht zu erstellen.

Im Auditbericht muss eine Zusammenfassung des Audits mit den gefundenen Gegebenheiten stehen, und eine Bewertung hat zu erfolgen.

Insbesondere bei einem Remote Audit muss der Auditor darauf achten, dass alle Aufzeichnungen digitaler Art und Weise entsprechend den Datenschutzbestimmungen behandelt werden.

Dies bedeutet, es sollten keine fremden oder unbefugten Personen Zugriff auf Auditnachweise und -informationen erhalten. Der Auditor sollte alle unwichtigen bzw. durch irgendwelche anderen Umstände aufgenommenen oder aufgezeichneten Dokumente, welche nicht für das Audit relevant sind, umgehend löschen.

Nach Abschluss des gesamten Audits ist dann die Frage, wie mit diesen Daten umgegangen werden soll.

4 REMOTE-AUDIT-DURCHFÜHRUNG – PRAXISBEISPIEL

Der Autor war 2018 mit einem Vor-Ort-Audit in China beauftragt. Der Hinflug erfolgte am Sonntag, so dass das Audit am Dienstag beginnen konnte.

Das Audit sollte drei Tage lang dauern, nämlich von Dienstag bis Donnerstag. Am Freitag stand die Präsentation der Auditergebnisse an. Der Rückflug erfolgte am Freitagabend mit der geplanten Ankunft in Deutschland am Wochenende.

Bei der Rückreise am Freitag kam es in China aufgrund starken Regens zu Flugausfällen und Verspätungen. Dadurch konnte der Anschlussflug in Peking nicht erreicht werden und es wurde eine zusätzliche Übernachtung nötig. Der nächstmögliche Flug erfolgte dann erst Samstagnacht mit Ankunft Sonntagabend in Deutschland.

Diese Art von Aufträgen war der Grund für die Entscheidung, den Auditprozess mit einer entsprechenden Software digital, d. h. virtuell, zu gestalten.

Für die ersten Remote Audits wurde eine vorhandene Eigenentwicklung – iVision®[21] – aus 2014 für Datenbrillen aus dem Logistikbereich verwendet.

Hierbei erfolgte das Audit mittels Aufsetzen einer Datenbrille, Übertragung von Ton und Bild sowie der Möglichkeit, durch Augmented Reality (AI) ergänzende Informationen an den Träger der Datenbrille zu senden.

Die ersten Audits unter Verwendung unterschiedlicher Datenbrillen waren mit einer neuen, innovativen Technologie für den Auditierten

---

[21] https://www.i-vision.eu/

von Interesse, haben sich aber nach unserer Erfahrung bis heute nicht durchgesetzt.

Es war dem Autor bewusst, dass diese Lösung nicht für den Auditeinsatz entwickelt wurde, aber die Funktionalitäten boten viele Übereinstimmungen, welche die Remote Audit-Durchführung unterstützten.

Eine grobe Übersicht der Rückmeldungen in nachfolgender Tabelle:

VORTEIL	NACHTEIL
• Mobiler Einsatz möglich	• Gute WLAN-Abdeckung erforderlich
• vielfältige Einsatzmöglichkeiten, wenn die Datenbrille Kamera, Ton, WLAN, Scanner etc. untersützt	• Laufzeit der Batterie zwischen 45 Minuten und 1,5 Stunden, je nach Anwendungsfall
• mit Ersatzakku Laufzeitverlängerung bis zu einer Stunde zusätzlich möglich	• Akzeptanz gering, da beim Einsatz der Brille ein Kabel und Ersatzakkus getragen werden müssen
	• Akzeptanz der Datenbrille war gering, insbesondere bei längerer Verwendung aufgrund von Gewicht und Tragegefühl
	• Mögliche Probleme bei Brillenträgern (je nach verwendetem Modell)

Abbildung 14: Datenbrillen-Einsatz Vorteile und Nachteile

Bei einer Vorführung auf der CeMAT 2016 in Hannover wurde die Datenbrille mithilfe der Vuzix M100 eingesetzt.

Auf der Abbildung Nr. 14 ist der Autor mit einer Vuzix-Datenbrille zu sehen. Auf dem Bildschirm im Hintergrund wurden die Ereignisse des Audits, welche mithilfe der Datenbrille durchgeführt wurde, angezeigt.

Die Messebesucher konnten somit auf dem Bildschirm die Sichtweise und Einblicke derjenigen Person, welche eine Datenbrille trug, verfolgen.

Abbildung 15: Datenbrillen Anwendungsbeispiel

Die Anwender wurden mithilfe von AR-Informationen durch den Prozess geführt und konnten die Aufgaben alle erfolgreich lösen.

Nachfolgend ein Screenshot aus einem Anwendungsbeispiel, wobei der Barcode bei einem Probenfläschchen über den eingebauten Scanner gelesen und mithilfe der Anbindung an das Warehouse-System auf Korrektheit überprüft wurde:

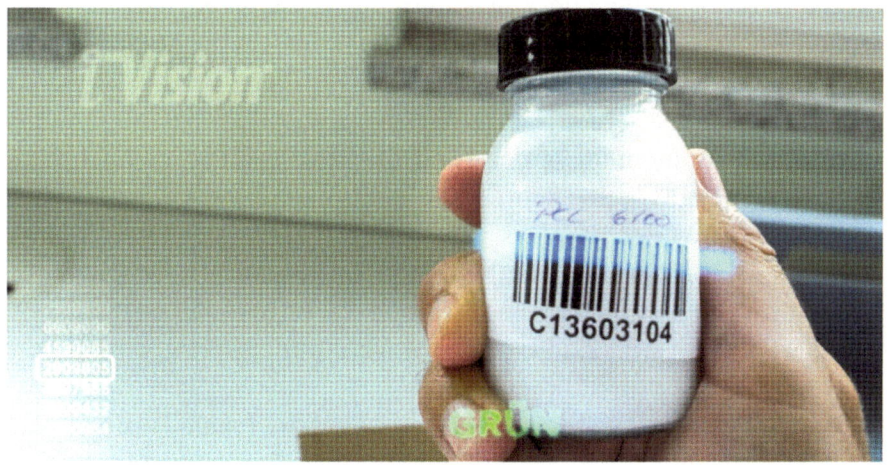

Abbildung 16: Anwendungsbeispiel Verwendung einer Datenbrille

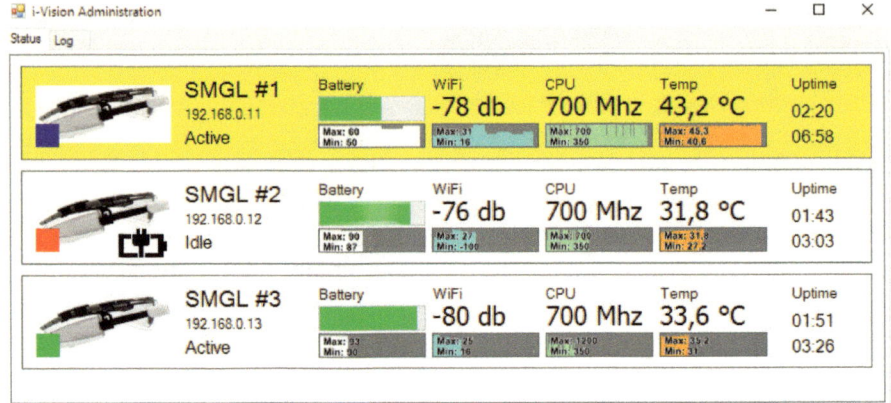

Abbildung 17: Administrationsübersicht

Dem Anwender wurde mittels AR die Rückmeldung

- **GRÜN** für OK oder
- **ROT** für NICHT OK

angezeigt. Die Administration wurde am PC durchgeführt und gesteuert, analog zur Kontrolle der Funktionen bei den Remote Audits.

Da die Datenbrille bei den Anwendern auf keine große Resonanz gestoßen ist, hat der Autor die Anwendung expliziert für Audits weiterentwickelt.

Dabei stand nunmehr im Vordergrund, dass auch jegliche mobilen Endgeräte eingesetzt werden können.

D. h., alle können genutzt werden, ob Android- oder iOS-Mobilgeräte. Der Auditor hat eine eigene Benutzeroberfläche, welche entsprechend der DIN EN ISO 19011 Auditanforderungen unterstützt.

Im nachfolgenden Anwendungsbeispiel sind die lokale iVision®-Remote Auditlösung auf dem Mobiltelefon sowie die Übertragung des in diesem Moment untersuchten Gegenstandes, der CAT5-Verkabelung am Port 7, zu sehen.

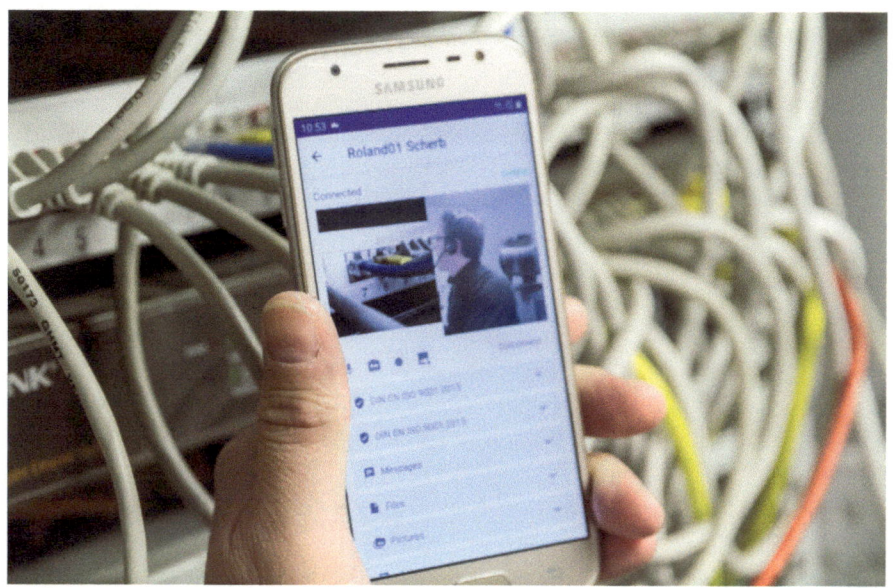

Abbildung 18: Anwendungsbeispiel Remote Audit

Auf der rechten Monitorseite ist der Auditor zu sehen, der mit dem Auditierten vor Ort, welcher das Mobiltelefon hält, kommuniziert.

Mithilfe dieser Remote Auditlösung konnte ein vergleichbares Audit in Übersee ohne Aufwand an Reisekosten und Reisezeit durchgeführt werden.

Auf der folgenden Seite befindet sich eine Übersicht zu einem Audit auf einem anderen Kontinent, welche den Kostenvorteil bei Durchführung eines Remote Audits in Übersee verdeutlicht.

AUDIT INTERNA-TIONAL	VOR-ORT-AUDIT		iVISION REMOTE AUDIT	ERSPARNIS
		Aufwand	Aufwand	
VORBEREITUNG	Büro	1 Tag	0,5 Tag	
DURCHFÜHRUNG	vor Ort	2 Tage	2 Tage	
	Reisezeit	2,5 Tage	–	
	Reisekosten[22]	8.560 €[23]	–	
NACHBEREITUNG	Büro	1 Tag	1	
ZEITAUFWAND	Arbeitstage	6,5 Tage	3,5 Tage	3 Tage
SUMME KOSTEN	Kosten	8.560 €	760 €	7.800 €

Abbildung 19: Kostenvergleich Remote Audit

Die damit einhergehenden Effekte, wie Umweltschutz aufgrund nicht notwendiger Flugreise, Reduzierung der Reisezeit für Mitarbeiter und dafür die Chance, die Mitarbeiter für andere Aufträge zur Verfügung zu haben, sind weitere Vorteile beim Einsatz von Remote Audits.

Die COVID-19-Pandemie hat diese Entwicklung im Jahr 2020 weiter forciert, da heutzutage Remote-Arbeit von zuhause oder egal von welchem Ort aus fast zum Standard gehört.

---

[22] Reisekosten: Transferkosten, Flugkosten, Hotelkosten etc.

[23] Kosten, die tatsächlich bei einem Kundenprojekt für einen Mitarbeiter vor Ort anfielen

5 ZUSAMMENFASSUNG

Remote Audits werden zukünftig aus der Welt der Audits nicht mehr wegzudenken sein, da diese eine effiziente und ressourcenschonende Methode der Auditierung zur Verfügung stellen. Die damit einhergehenden Vorteile überwiegen die derzeitigen Einschränkungen bei Weitem, sofern die Vorbereitung und Durchführung von Remote Audits entsprechend qualifiziert erfolgen.

Aufgrund der Entwicklungen in anderen Bereichen kann die Auditierung, insbesondere das Remote-Auditieren, ebenfalls an Bedeutung gewinnen. Nach derzeitigem Stand sind im Jahr 2021 in Deutschland beispielsweise zwei Gesetzesänderungen geplant, nämlich
- das Lieferkettengesetz und
- das Gesetz zur Stärkung der Integrität in der Wirtschaft

Die Anforderung, hier Vorgaben beim Lieferanten zu prüfen, kann durch den Einsatz von Remote Audits, insbesondere durch unangekündigte Remote Audits, ein wirksamer und vielversprechender Ansatz sein, um die Umsetzung von Vorgaben bei einem externen Partner zu prüfen.

Dies kann auch von Klein- und Kleinstfirmen umgesetzt werden, wobei hier häufig davon gesprochen wird, dass größere Firmen aufgrund ihrer Struktur einen Vorteil hätten. Auch der Umweltgedanke wird dieses Thema weiter voranbringen, da der Autor aufgrund der Globalisierung die Einsicht gewinnen konnte, dass teilweise Firmen mit Produktionsanlagen im Ausland Flugzeugladungen von Mitarbeitern hin- und herpendeln lassen müssen.

Remote-Auditoren werden zusätzlich zu ihren fachlichen, methodischen und sozialen Kompetenzen über das erforderliche technische Wissen und die Kompetenzen zur Durchführung von Remote Audits verfügen müssen. Eine passende technische Unterstützung kann die Anforderungen an Remote Audits verringern.

ABBILDUNGSVERZEICHNIS